아무 일 없는 것처럼

이 도서의 국립중앙도서관 출판예정도서목록(CIP)은 서지정보유통지원시스템 홈페이지(http://seoji.nl.go.kr)와 국가자료종합목록 구축시스템(http://kolis-net.nl.go.kr)에서 이용하실 수 있습니다.
(CIP제어번호 : CIP2019048922)

지혜사랑 213

아무 일 없는 것처럼

박금선

지혜

시인의 말

수확을 하기까지 많은 시간이 지났습니다.
농사를 짓 듯
시를 짓는 일도 사는 일도
결코 순탄치는 않았습니다.
비와 바람과 맞서야 했고
햇볕을 오래 기다려야 했습니다.
소소한 언어들을 안고
고민하고 잠을 설치기도 했지만
항상 그 자리를 맴돌고 있는 기분입니다.
그렇지만
시가 곁에 없었다면
아마도 헛헛한 날이
더 오래 지속 되었으리라 여겨집니다.

첫 시집을 낸지 어느새 11년
그새 너무 게으른 농사꾼이었다는
생각이 듭니다.

세월이 갈수록 마음을 낮추고
따뜻하게 손잡기를,

사물을 바라보는 나의 눈도
더 맑고
더 깊고
더 커지기를 기원합니다.

2019년 늦가을
박금선

차례

2부

3부

4부

5부

• 일러두기
한 연이 첫 번째 행에서 시작될 때는 > 로 표시합니다.

1부

도마

한 때 나의 몸은 나무로 시작되었지만
다 옛 얘기가 되어버렸어
칼을 받아들이는 일
내리치는 힘을 받아 안았으므로
내 등은 하루도 성할 날이 없었지
칼자국이 선명한 내 허리와 배
생선을 자르다가
고추를 다지다가
나무는 점점 홈이 드러났지
세상의 폭력들은 다 받아들인 것처럼
상처투성이가 되었지만
긴 날들을 인내하며 살았지
어느새 내 몸은 달라졌어
내리쳐도 잘라내도
그렇게 상처가 보이지 않게 되었어
그 칼집들이 다 어디로 숨어들었는지 말이야
어쩌면 마음을 고쳐먹은 거지
세월 앞에서는
누구나 변해가고
스스로 바라보는 눈이 생기나 봐
많은 것들을 포기하고
제 몸을 들여다 볼 줄도 알게 되지

나는 이제 나이테도 보이지 않는
특수한 재질로 만들어 졌지
근데 아직 나의 이름은 여전히
도마야
밥을 할 때 칼질을 받아주고
내리치는 칼날을 스스럼없이 껴안고
죽을 때까지 수십 번 몸을 바꾸어도
나의 짝은 오직 빛나는 칼날이야

돌담을 쌓다

태풍에 무너진
돌담을 새로 쌓는다
큰 돌은 바깥쪽으로 각을 세우고
모난 돌은 홈을 메우고
자기자리를 찾아 꼼꼼히 쌓는다

크면 큰대로
작으면 작은 대로
울퉁불퉁 속을 채워 나가다보면
돌들이 스스로 몸을 추슬러
조금씩 높이를 올려간다

오랜시간 허물어졌던 관계
저 멀리 돌아서 과거가 보이고
이끼 낀 돌들이 햇살에 바랜다
돌들은 현재와 더불어 손을 잡는다
예전에 그랬던 것처럼

돌과 돌끼리 서로 기대는 힘
어깨와 어깨를 나란히
무거움과 가벼움을 견주고
쪼개진 돌덩이도

아주 쓸모없을 것 같은
자갈들도 힘을 보탠다

돌담을 쌓다보면
모자라는 너와 나의 자리
비록 적은 몫이지만
헛헛한 웃음과 울음이 서로를 채워
견고한 돌담으로 층층이 일어선다

내가 무엇이었을 때

내가 새였을 때
내가 물고기였을 때의 습성
강아지였거나
염소였거나
우리 집 외양간의 황소였을 때
그 전생에 내가 무엇이었는지
알 수 없지만
내가 짐승이었거나
여덟 개의 발을 가진 무엇이었던 간에
그 오랜 습성이 지금도
튀어나오는 것을 발견할 때
절망과 부끄러움과
후회와 또 자책에 젖는 때
날개를 펴는 순간과
꼬리를 감추는 비열한 모습
내가 무엇이었을까를 가끔 떠올려보면
이해할 수 없는 일
용서할 수 없는 일
말이 막히는 답답한 순간
노래할 수 없는 슬픈 순간
내가 무엇이었을 때를
기억하려고 한다

나에게서 날개가 보이고
네 발로 걸어가는 뒤뚱거리는 한 마리 짐승

그리하여 나는 나를 볼 수 있게 된다

책을 눕다

독서 받침대 위에
비스듬히 책을 눕혔다
낯선 길로 접어들며 새로운 풍경을 바라보는 중
첫 사랑, 첫 여행
처음이라는 단어를 따라 가는 순간
촘촘한 시간의 벽 뒤로
뜨겁게 솟아나던 열기를 만나고
밤새워 걸어간 길 위
그가 만든 탑을 더듬어 보는데
먼 바다를 가로질러 헤엄치는
고래들의 향연을 관람 중이지
출렁거리는 물결
단어들은 제각각 역할을 분담하고
자기를 던져 어디론가 뛰어 드는 거지
그리고는 갈피마다 맺히는 줄거리에 서서
그네를 타지

천둥과 번개가 지나고
천천히 오는 고요
막을 걷어 낸 무대의 맨몸처럼
선명한 색채들이 춤추기도 하지
숨어있는 것들끼리 손을 잡고

수많은 줄기들이 서로 소통하는
가지와 가지
깊은 뿌리와 굵은 둥치를 가진
나무의 말인지도 몰라,
밤과 낮이 맴도는 그 오랜 시간
집요하게 줄다리기 하는 지면 위에서
나는 지금 세월의 강을 거슬러
헤엄치고 있는 중이지

하모니카를 깨우다

하모니카를 깨우는데 시간이 걸려요
연주자가 말했다
그리고 품속에서 하모니카를 꺼냈다
곡조가 없는
음계들을 마구 불러내며
소리를 가다듬었다
따뜻한 입김이 들어가고
자기 자리를 벗어난 소리들이
몇 번이나 삑삑거렸다
연주자는 하모니카를 쓰다듬으며
기다렸다
쇠로 만든 악기
대나무로 만들어진 악기
그 모든 것들이 살아 있다고 믿는 연주자
다른 문 하나가 슬며시 열렸다 닫히는 사이
반짝 별들이 지나갔다
악기가 깨어나길 기다리는 시간
손가락들이 나도 몰래 꼼지락 거렸다
언제가 될지 모르지만
나는 지금 시어들을 깨우는 중이라고
스스로를 위로할 수 있었다
내일 또 내일

죽기 전에 시어들이 깨어나 노래하기를
기다리는 오늘
연주가 시작되었다
음계들이 춤추자 흥겹게 연주자도
노래할 수 있었다

내 사랑을 호흡해

얼른
받아 마셔, 얘야!
마른 화초들도 내 한숨을 먹어야 해
여긴 너무 메마른 가슴들 뿐이야
공기가 촉촉해 지려면
내가 많이많이 펌프질을 해야 해
나를 대신해 줄 수 있는 것은
건물 안에 없지만
지금도 가슴이 답답하지 얘야
아기코끼리도
새끼 고양이도
아주 작은 개미들도 그렇게 다 숨이 찬다고 해
얼른 이 습기를 받아들여!
우리 몸속 살아있는 액체들을 기억해야지
눈물과 푸른 피와 땀도 있어
목 타는 갈증을 어떻게 해 줄 수 없는
나와 너
숨 가쁨을 이겨내야지
빠른 호흡을 시작해 봐
얼른 내 입김을 마시고 일어서야지
가슴에서 나오는 뽀얀 사랑 말이야
나는 촉촉하게 목을 적셔주는 일을 좋아하지

나의 환자로 사는 장기들이 오그라지기 전에
어서 숨을 쉬어 얘야

신발이 없는 것들

마당을 걸어가는 강아지
신발이 없다
방구석을 기어가는 거미도
신발이 없다
고양이도
저 나무위의 비둘기도 신발이 없다
하얀 꽃을 피운 매화나무
뒤뚱거리는 남극의 펭귄에게도
신발이 없다

숲과 들판, 골목을 지나갈 때
가볍게 뛰고 걸어가는 것들
여린 날개를 가진 나비와
잠자리와 구름
새들의 발
맨발로 가는 저 많은 이름들
바람이 발가락을 간지럽힌다

신발을 신고 가는 나는
발이 무겁고
스스로를 묶는 족쇄처럼
나를 조여 온다

구속으로 둘러싸인 울타리를
넘으려고 버둥거리면
마치 틀 속에 갇힌 듯 끼는 발
느티나무 아래 신발을 벗으면
잊었던 내가 보이고
푸른 나무를 닮은 자유가 뛰어 오른다

사랑이 올 때

운동장에서 단체 줄넘기를 하려고
마주잡은 줄을 빙빙 돌리고 있을 때
줄 속으로 발을 들이밀며
높이 뛰어오를 때

달리기를 위해 출발선에 서있을 때
총소리가 울리기 직전
허리를 구부리는 순간
숨이 멎을 것 같았던 기억

벚꽃 떨어지는 나무 아래서 일행을 기다릴 때
꽃 보라로 눈앞이 아득해지고
구름처럼 온몸이
둥둥 떠오를 것 같았던

출렁거리는 파도 앞에서
아무런 소리도 들리지 않고
물빛 위로 미끄러져 오던
바람의 감촉만이 살아있을 때

새 옷을 입고
첫 출근하는 날

처음 골목을 나설 때 발걸음처럼
긴장이 휘감아올 때

풍선을 불어
공기가 빵빵하게 차오를 때
숨이 차고
곧 터질 것 같은

그 아슬아슬한 순간처럼

구월

그냥 몇 계단 위에서 바라보는 것처럼
눈앞이 조금 트이는 때가 구월이다
답답했던 습기들이 바람을 품고
하늘을 들어올리고
꽃밭에 씨앗들이 여무는 것을
한 발 물러서서 바라보는
그때가 구월이다

잊고 있었던 사람이
투명한 외투를 펄럭이며
바람과 함께 스치는 걸
언뜻 보게 되는 그때
뒷모습을 훔쳐보며 돌아서는
그림자를 밟으며
통로를 더듬어가는 때
구월이다

좀 더 고개를 숙이고
혼자 걸어가는 길이 더 익숙한 때
가벼운 햇살 위로 날아오르는
잠자리 떼
해질녘의 바닷물처럼 눈이 부셔

거울인 양 나를 비추어보려고
하늘을 올려다보는 구월이다

조금 더 진한 색으로 물드는 나뭇잎들
혼자만의 그림을 그리는 계절
서랍을 정리하고
바람의 소리를 흔들어보는 구월
누가 내 이름을 부르는 것 같은
자꾸 되돌아보는 계절 구월이다

너무 좋은 숲의 사이

숲에 가면 간격이 있다
참나무와 소나무
싸리 꽃이 피면 패랭이꽃 지고
산딸기 농익어 떨어지면
초롱꽃 고개를 드는
보이지 않는 간격들이 있다
틈 사이 스며드는 것들
팔 벌리면 닿는 나무들 그 거리로
새들이 날아간다
축축한 습기와 안개와 낙엽

똑똑, 거기 누구 없나요
대답은 메아리처럼 돌아오지만
숲으로 난 작은 길 걷다보면
여러 번 두드리고 싶은 문이 보인다
잎의 문
적당한 여백의 문
숨어 있는 벌레들의 집

무덤의 잔디 위로 나무 그림자가 눕는다
무덤은 우리들의 집
아주 먼 나라의 일처럼 외면하지만

거부할 수 없는 현실이지
바람의 한숨을 마시며
나무와 나무가 서로 맨살을 부비며
포옹한다

너무 좋은 숲의 사이

거미의 집

집은 항상 위태로웠다
처음에 시작하는 길은
한 두 줄로 가늘게 이어져 있었고
힘없는 풀이거나 나뭇가지를 의지해
바람에 흔들리기도 하지만
이쪽과 저쪽으로 연결된 기둥도 믿을 수 없었다
그물 그네 같은 구조로 지어졌으므로
안정과 평화라는 집의 형태는
처음부터 벗어나 있었다
오늘 아침 그마저도 아주 철거당하고 말았다
커다란 대 빗자루를 들고 나타난
청소 아저씨가 그 집을 거두어 버렸다
아무 일도 아니라는 듯
빗자루로 바닥을 쓱쓱
쓸며 가버렸다
등판에 녹색이 선명한 거미 한 마리가 그나마
재빨리 기어가는 걸 보았다
판자촌 철거 때는 고래고래 소리라도 질렀지만
거미는 몸을 숨기기도 급급했다
견고하거나 단단하다는 것과는
너무도 거리가 먼 집
평화와 휴식, 안정이라는 것들과도 동떨어진

오직 먹이를 구하기 위한 도구인 집
한 이틀 뒤 은행나무 가로수와 우리 천막 사이에
거미는 다시 집을 지어 놓았다
누가 주인인지 알 수 없었지만
이어놓은 줄은 여전히 가늘고 불안하다
바람이 불자 또 흔들린다
언제 튕겨나갈지 모르는 나의 집과
흡사한 거미의 집이
햇살에 잠시 반짝이며 평화를 꿈꾸고 있다

천 개의 눈

예쁜 얼굴을 보는 눈
그의 다리를 훑어보는 눈
황홀해 지는 눈
시장에 쪼그려 앉은
나물 보따리를 들여다보는 눈
살까말까 망설이는 눈
휘황한 불빛을 바라보는 눈
발아래 작은 개미들의 행렬을 따라가는 눈
멋진 가방을 열어보는 눈
구두가 진열된 쇼윈도를 들여다보는 눈
길섶에 핀 제비꽃을 바라보는 눈
오를 수 없는 나무를 바라보는 눈
이 가지에서 저 가지로 날아가는 새를 보는 눈
읽을 수 없는 그의 마음을 보려는 눈
깊은 곳의 적막을 느끼는 눈
햇살을 문득 올려다보는 눈
거기 반짝거리는 나뭇잎을 더듬는 눈
밤에 보는 길고양이의 눈
섬뜩한 눈
온화한 눈
화장실에서 보는 나의 눈
목욕탕에서 보는 거울 속의 눈

마주치기 민망한 눈
힐끔거리는 눈
커다란 눈 맑은 눈
도무지 보이지 않는 남의 눈
의식 밖의 눈
눈 속에 숨어있는 말 말 속에 숨은 눈
미워하는 눈
용서해 주는 눈
눈감아 주는 눈
천 개의 눈을 가진 이의 눈에 비친 눈
마음속에 사는 눈
갑자기 번개 치듯 열리기를 바라는 눈
구름이 걷히듯 환해지는 눈
꿈을 꾸는 눈
한 몸에 더불어 사는 천 개의 눈

꽃바구니

이름도 색깔도
다 다른 꽃들이 한 바구니에 담겼다
어쩌다 일행이 된 것에 대해
같은 바구니에 앉게 된 것에 대해
그냥 고개를 끄덕인다
나의 이름이
다른 이름에게 묻히는 것
나의 얼굴이
누구에게 겹친다는 것
참을 수 없는 굴욕의 날들은 갔다
바구니에 담기는 순간은
하나 하나의 생김새 버리고
한 무리 속에 섞여드는 일
군중 속의 한 사람
일부가 전부일 수도 있다는 것을
아는 나이가 되는 일
꽃이 시들어 갈 때쯤
바구니의 모습이 쓸쓸해지듯
그 머리말에 앉아보면
꽃바구니 속의 한 송이 꽃이
제각각 향기를 지닌 채
서로 시들어가는 것이 보인다

2부

늑대의 이름으로

밤이 되면 가끔 나는 늑대가 되지
두근거리는 심장의 골짜기를 지나
폭포의 물소리가 세차게 들리는 길을 가면
금방 튀어나올 것 같은
산토끼거나 혹은 너구리
나무에서는 올빼미도 살아
내가 늑대가 되는 순간
요술에 걸린 듯
또 다른 이름을 얻는
꽃이나 나비, 잠자리 같은
여린 것들도 있지만
하필이면 나는
감추고 있던 이빨과 발톱이
슬금슬금 털을 밀고 나오는 거야
담벼락 밑에 길 고양이
나뭇가지에 잠자는 비둘기도
싫어하는 짐승이 된다는 것
슬픈 현실이지
웃음과 울음과 상처를 숨기고
비웃음을 피하는 기술을 익히려고
발버둥치는 나약한 무리 속에
스스로를 가두는 벌을 받는 중인지도 몰라

발톱을 숨기고
털을 세우고
본능의 나를 만나는 날
하늘의 한 쪽 문이라도 열리는 듯
털이 벗겨지기를 기도하는 나
영혼이 메말라 갈수록
울음소리가 더 커진다는 것을 기억하는
다른 이름이 되고 싶은 나

버들강아지

눈이 너무 예쁘지
복슬복슬하다는 말로는 부족해
흰 털이 소복이 몸을 감싸고 있어
네 발을 종종거리며 걸어가는 걸
보는 일은 그리 쉬운 게 아니야
그가 살고 있는 곳은
따뜻한 거실도 아니고
방은 더더구나 아니지 뭐야
겨울이 어디에 잠복에 있는지 알 수 없어
강아지는 사시사철 내 옆을 맴돌고 있지만
이 강아지는
냇물이 풀릴 때서야 나를 불러
겨우내 눈을 감고 잠들어 있거든
가지에 그냥 매달려 깊이 잠들어 있어
얼음이 녹기 시작하는 걸
제일 먼저 킁킁 냄새를 맡으며
잠에서 깨는 것 같아
내 팔에 매달리고 내 다리를 걸고 넘어지지
내 기분을 알기라도 하는 양
포슬포슬 깨어나는 걸 보면
어깨가 나도 몰래 흔들려
흥겨운 음악이 나오는 것처럼

강아지를 보면
내가 세상의 주인이라는 착각을 하지
흐르고 흐르는 바람의 얼굴을 만질 수 있다는
어이없는 자신감으로 들뜨지
누군가 새롭게 오는 게 보이면
겁나는 게 없어지지
강아지가 겅중거리는 시냇가
나도 준비가 되었다는 듯이 날뛰고 있어

알 수 없는 나와 만날 때

보이지 않는 벽 너머
무엇이 있을 것 같은 예감에 젖을 때
말로만 들었던 동네를 처음 찾아가는 길
자동차의 바퀴가 덜커덩거릴 때
소나기 퍼붓고 눈앞이 보이지 않을 때
너무 조용해서 아무 소리도 들리지 않을 때
밥솥의 밥이 비어버렸을 때
텔레비전 화면이 컴컴하게 멈추어 버릴 때
불안의 근원을 찾지 못할 때
찌개국물을 맛보려는 그 직전
거울 속의 내가 남처럼 보일 때
천사와 불량배와 딱 마주쳤을 때
그들이 한 사람일 때
시장 간 엄마가 어두워도 오지 않을 때
혼자 잠에서 깨었지만 아무도 집에 없을 때
술에 취해 고래고래 소리 지르는 아버지와 나의 간격이
당겨질 때
환한 야구장의 불이 꺼질 때
하산 길 갑자기 해 떨어지고 바람까지 으스스 불 때
버스가 가버리고 나 혼자 어둠에 남겨질 때
둘러보아도 사람이라고 없는 길을 가야할 때
오래 전에 내가 좋아했던 사람

그를 닮은 사람을 만났을 때
계속 발을 동동거리지만 아무것도 변하지 않을 때
알 수 없는 미래
실패할 것만 같은 내일
점점 작아지는 나를 스스로 보고 있을 때
산을 넘어 산
불안이 불안의 새끼를 줄줄이 낳고 있을 때
부르르 주먹을 떨고 있을 때

뿔

그날 밤에 뿔이 돋았지
아무도 눈치 채지 못했지만
두리번거리며 주위를 살폈지만
들킨 것 같지는 않았어
다행이지
이미 누군가는 이 도시를 빠져나간 뒤였어
까만 털이 곱슬곱슬했던 염소가 뿔이 날 때
나뭇가지나 기둥이나
바위랑 아무 거나 들이박고
마구 부비는 걸 보기는 했지
오늘 내가 그 비슷한 짓을 하긴 했어
알아들을 수 없는 언어들이
새처럼 날아가고
딱딱한 발굽이 무언가를 걷어찼지
아주 작은 뿔이 나왔어
처음은 늘 어눌하고 생경스럽지
슬픈 색깔을 골라 농장의 울타리를 그렸어
염소의 집은 한쪽 귀퉁이
허름한 짚으로 엮은 지붕만 덩그렇지만
겨울이면 콩깍지를 오물거렸어
가끔 푸른 소나무 잎을 먹기도 했어
멀쩡한 내게 뿔이 솟을 줄은 몰랐어

한숨을 쉬거나
대답할 말을 찾지 못했을 때
가끔 머리 밑이 간질거리긴 했지만 말이야
동화책을 뚫고나온 도깨비마냥
뿔이 자랐어
뿔이 있으면 단단한 힘이 하나 생긴 거라고
중얼거렸지만,
내가 나를 버리고 싶은데
나는 내가 뿔이 있는 사람이란 걸
언젠가 증명해야 할 거야

낫도 먹는 날

입에서 자꾸 줄이 나왔어
처음이야 이런 적은
물고기처럼 헤엄치는 지느러미
날아오를 수 있는
새에 관한 환상 뒤로
기어 다니는 곤충이 되다니
희고 가는 실이 자꾸 나와서는 엉겨
콩들을 묶어두는 거지
이상한 마법 속에 빠진 거라고 생각했어

발효된 시큼한 맛을 음미하자
꼬리에서 줄을 풀어내는
거미 한 마리
하룻밤 사이 벌레가 되어버린
카프카의 소설처럼
한 순간에 변신하는 스스로를 인정해야 할거야
낯선 별에서
새 친구를 만나는 어린왕자처럼
극적인 순간도 있어

소통이 되지 않는
너와 나의 관계를 얽어매는 줄

팽팽한 긴장 위에 하루를 걸어두었어
오직 집짓기에 열중하고
먹이를 향해 달려가는
버둥거리며 끈끈한 하루를 이어가는 일
허공에 매달려
자기 몸의 몇 배 넓이로 줄을 치고 있는
살 때나 죽을 때
나와 똑같은 결말을 보여주는 거미
결국 내 꽁지에서도 줄이 나왔어
그 줄을 먹은 거야

혼자서도 잘 해요

언제부터 나는 양치기가 되었어요
구름신발을 신은 듯
무리에서 벗어나는 양
산 고개를 넘어가는 양들을 향해
긴 막대를 휘두르며
풀들을 흔들며
휘파람을 불며
뒤에서 그들을 내몰아갔어요

안개가 자욱한 날이나
비가 오는 날
어디로 갈지 모르는 그들이
제 길을 벗어날 까봐
그림자처럼 시계를 밟곤 했죠
하늘이 푸르게 내려서는 들녘을
서성거리며
부드럽고 연한 풀을 먹을 수 있기를
좋은 털을 얻을 수 있기를
고요가 계속 되기를
안일한 날을 위해 기도했어요

양들을 위해서 라는 명분을 흔들며

속고 또 속는 거짓말을
믿으라고 강요했죠
호기심 많은 눈을 가리려고 애쓰면서
양들의 무리 속을 누비며
독재자처럼 굴었어요
풀들은 쓰러지고
공허한 메아리가 나의 목덜미를
스치며 지나갔어요

양들은
서로서로 꼬부라진 뿔을 부비며
경쟁의 틈 속으로 목을 들이밀고
가끔은 뒷발차기를 하며 싸우지
공격의 본능을 세우는 털
양들을 이해하는 건
감정의 파도타기
내 막대 끝을 벗어나
혼자 울었던 양들은
자기를 찾아 걸어갔어요

빈 풀밭에 지금 나는 엉거주춤 앉아있지
지난 시간위에 걸린 무지개

이야기들의 줄거리를 더듬죠
그때 믿었던 답안지의 숫자들
그때 길이라고 우겼던 숱한 언덕과 계곡
천천히 되새김 해보면
눈빛이 살아있던 양들의 노래
바람에 들려요

양은 혼자서도 잘 해요

개

내가 개였던 때가 분명 있었으리라
컹컹 기침을 할 때
목이 울리는 그 소리를 들을 때
언제였던가는 알 수 없지만
네 발로 걸으며
달빛을 올려다보면서
밤을 지키던 날이 있었다는
기억,
긴 꼬리
날카로운 이빨
말랑한 검정코를 벌름거리면서
애기 똥을 기다리며
툇마루 밑에 고개를 묻고
사람이 되기를 기원했던 때
가끔 그때처럼 개의 본성을 드러내는
나를 볼 때
억수 만년 전이었는지 몰라도
분명코 흙에 코를 박고
무지한 짐승이었던 적이
있었을 거라고
내 꼴이 지질이도 못나 보이는 날
부끄러워 고개를 들 수 없는 날

한 마리 개가 걸어온 길을
막연히 더듬어보는 버릇이 있다
그러다보면 지금 인간인 내가
위로 받을 때가 있다

꽃을 바치는 이유

서로 말을 주고받을 수 없는 사이
눈과 눈을 마주 할 수 없는 사이
너무 먼 간극의 길에
함께 할 수 없는 당신과 나입니다
피와 살이 섞이지도 않은
얼굴 모습도 다르고
웃을 때, 울 때도 너무 다른
다만 인연의 끈만 서로 쥐고 있는 사이
음식을 먹다 목이 메고
좋아했던 꽃을 보면 다시 떠오르는 얼굴
말들이 귓전에 남아
나에게 주었던 눈빛
베풀었던 이해와 배려
고개를 끄덕거려
공감을 나누었던 당신
세월이 지나
다만 기억 속에서 아직 생생한 모습
곁에 없어도
슬플 때 등을 쓸어줄 것 같은
내 편
기쁠 때 그냥 눈으로 인사해
다 알고 있다는 듯이 웃는

꿈속에서도 잘 나타나지 않고
사랑했다는 확신만이 내게 남아있어
나를 젖게 하는 당신

가시 꽃

아무에게도 보여주지 않으려고
꼭꼭 문을 잠궜어
스스로를 비밀 속으로 밀어 넣고
감추고, 지켜내려고 했던
약속
말도 삼키고 살았지
숨마저 죽이고 살았어
온몸에 가시를 두르고
살 수밖에 없었던 이유

벗을 수 없는
멍에를 지고 사는 거라고
알맹이는 이해하기 어렵지만
가지 끝에 달려
바람과 햇살의 간지럼을 받았지
온몸이 흠뻑 비에 젖지 않았다면
부지해온 생의 오늘은
없었으리라

가을바람이 불어오고서야
말할 수 있지
껍질의 할 일이 끝나고 난 후

비로소 알게 되는 짧은 고백 한 마디
꼬투리가 입을 여는 순간이다
알맹이를 뛰어내리라고
등을 밀어주는 것
알밤은 세상을 향해 튀어나갔다
가시만 남은 빈 껍질이
꽃이 되는 순간이다

따끔따끔 손가락이 찔리는 아픈 순간이다

기도해요

다음 생이 있다면
난 한 그루 배롱나무로 태어나게 해 주세요

마당이 넓은 절 모퉁이에 서서
날마다
풍경소리 독경소리 들으며
물고기 닮은 목어를 올려다보며
눈을 뜨게 하시고

나비들의 날개 짓
웅웅거리는 벌들이 날아와
운판 두드리는 깨우침도 만나
기도하러 오는 많은
새들도 볼 수 있게 해 주세요

전생에 지은 죄를 벗으려고
밤중에 내려오는 네 발 달린 짐승
소곤소곤 털을 쓰다듬고
고요에 잠긴 계곡을
말없이 바라보게 해주시고

눈이 부시는 꽃보다

매끈한 가지
휘어 비틀어지는 가지
바람에 간지럼을 타는 예민한 껍질을
온몸에 감은 간지럼 나무로 살게 해 주세요

기억 속에 사는 일
구름이 가끔 앉았다가 가는 아침
아이들이 그네를 탄다면
온몸을 다 내어주고
뿌리까지 흔들리게 해주시고

달빛과 이슬이 내려
흠뻑 온 몸을 적실 수 있다면
다시 태어난다면
나는 한 그루 배롱나무
백일동안 꽃을 밝히는
그 나무로 오래 살게 해 주세요

목 백합이 핀다

이름도 처음 알았고
꽃도 처음 보았고 나비들처럼
떼 지어 창가로 갔었지
매듭을 풀 때처럼
몰두해 있다가
키 큰 나뭇가지 사이 숨어 있던
그 꽃을 내 방으로 들여 놓았지

소리 소문 없이
소박하게 몰래 피어있는
미세한 떨림을 발끝까지 전해주던 나무
그냥 평범한 꽃
오래된 슬픔이 익듯
병아리 색을 닮은 노르스름한 꽃이
담담하게 박혀있던 자리를 떠나
땅으로 날아 내리는 걸 보았지

자기의 자리를 알고 있는 사람처럼
보이지 않아도
누가 시키지 않아도
제 몫을 다하는 진솔한 친구처럼
저절로 귀 기울이게 하는 꽃

잊지 못하는 첫사랑을
떠오르게 하는 목 백합 꽃
바다향기가 났었지

3부

아버지

옆집 분식가게에 그 집 아버지가 오셨다
자그마한 체구에 모자를 쓰신
자전거를 타고
호박잎 서너 움큼, 파란 이파리
그걸 주러 딸네 집에 오셨다

잔털들이 까실까실 살아있는 호박잎
직접 기른 상추 몇 잎
뿌리가 하얀 대파까지
맨손으로 건네고
용돈도 마다시며 손사래 치고 가는
뒷모습을 물끄러미 바라본다

해질녘 하늘에 노을이 번지는데
가신 지 스무 해도 넘은 아버지가
내게도 손을 흔들며 간다
뜨겁게 부를 수 있는 이름
기댈 수도 없는
언덕 하나가 멀어진다

저만치 눈앞에 흔들리며 가는
자전거 위의 아버지

구부정한 등을 뒤에서 바라본다
남의 아버지
내 아버지
세상의 늙어가는 아버지들
뒷모습,
어찌 저다지도 닮았을까?

여름날의 일기

씻길 때 보면 알 수 있다
얼마나 야위었는지,
얼마나 등이 굽었는지
목욕탕 바닥에서 일어서기도 힘들어 하는
노인이 된 어머니
겨우 엉금 기다시피 목욕을 끝냈다

허리를 펼 수 없는 등을 밀고
흰 다리를 비누칠 하면서
불빛이 흔들리고 어디서 지진이라도 난 듯
내 몸도 휘청거렸다
오직 뼈만 남아있는 몸
내 안이 다 젖어버린 걸
어찌 알았는지
되레 나의 얼굴을 닦는 어머니

위층에서 누가 피아노를 친다
우리는 잠시 손을 멈추고
서로를 바라보았다
행복한 기억들이 가볍게
건반을 건너가고 있었다
결코 낯설지 않은 거울 속의 나

거울 속의 어머니

우리는 한 곳을 향해 서 있었다
탯줄이 아직 끊어지지 않은 듯
그것을 더듬고 있었다
어머니의 이마와 나의 발끝에 닿는
보이지 않는 강
음계들은 천천히 우리 두 사람의
심장 속으로
물 방망이질을 하고 있었다

슬픈 여름

아주 더운 여름날
키가 무척 작고 나이는 든
약간 모자라 보이는
아줌마가 가게 문을 열고 들어섰다
그녀가 내민 쪽지에 적힌 전화번호
엄마 000-0000-0000
내 앞에 당당히 서서
전화를 빌려 달라고 했다
그 숫자대로 눌렀더니
할머니 목소리가 건너왔다
그때 아줌마가 엄청 반가운 목소리로
소리 질렀다
"엄마, 엄마! 내다 내"
둘이서 나눈 짧은 통화는
곧 도착할 거라는 중간 안부 정도였다
엄마가 기다리는 곳으로
가고 있는 아줌마

내 폰에 엄마 번호를 들여다보았다
이제는 다시 들을 수 없는 목소리
아줌마의 뒷모습을 물끄러미
바라보며 나는 그이가 무척이나

부러웠다
단축번호를 길게 누르자
“없는 번호입니다”라는 말만
아련하게 들려왔다

등짝이 지릿지릿 쑤시고
폭포수 소리 그리운 슬픈 여름이다

엄마들이 사는 동네

한여름 휴가철
불볕이 내리쬐는 마을 입구
느티나무 그늘에 차를 세우고
동네 회관의 문을 열었다
수박 한 통을 툇마루에 굴리며
어린애처럼 엄마를 불렀다
어엄마아아!
긴 고함 소리에 벌컥 문을 열고 나오는
머리가 하얀 예닐곱 명의 엄마들
합죽이 할매들이 합창을 한다
와아? 누고?
하하하 웃음꽃이 핀 경로당 마루에
제일 뒤늦게 우리 엄마가
아기처럼 엉금엉금 기어 나오셨다
매미들이 와글와글 울어대는 동네
다 누구의 엄마들이다
애인을 기다리는 젊은 처녀처럼
순박한 박꽃처럼 하얀 엄마들
자식들 기다리며 사는
경로당에 웃음꽃이 흠뻑 피었다

콩에게

여든이 넘은 할머니가 지팡이를 짚고
콩밭 이랑을 헤치며 콩잎을 딴다
혼자 중얼중얼
고랑 가까이 다가서보니
"아이고! 콩아 미안타, 참말로 미안타"
말소리 들릴 듯 말 듯 콩에게 하는 말
초록색으로 범벅된 밭
붓 대신 바람으로 덧칠을 한 흔적이
하늘과 맞닿아 굽이치고
열기와 흙냄새는 서로 엉켜있다
기억은 늘 분명하지 않은 속도로 왔다가
다시 밀려가곤 하지
툇마루에 앉아있는 시간 위로
가물거리며 멀어져가는 식구들의 그림자

가뭄에 겨우 잎을 내미는 콩밭에서
여린 잎사귀를 골라 따면서
연신 미안해하는 할머니와 콩이
서로 흙에 발을 묻고 서서 나누는
몸과 몸의 소통
평생을 그렇게 살았지
콩이랑 보리를 심고,

잡초를 뽑고 열매를 따며
사시사철 흙이랑 더불어 살았어
노인이 하는 말을
알아듣기라도 하는 것처럼
푸른 바다가 펼쳐진 것처럼
넘실거리는 파도라도 타는 듯
콩밭은 술렁거리며 춤추고 있었지

세상일에 대해
무슨 일이 벌어지는지 도통 모르는
먼 먼 산골마을
지팡이에 의지한 노인이
이파리를 향해
노래하듯 말하는 소리 들으며 콩이 꿈꾼다
연둣빛 잎이 보석처럼 반짝이고
보랏빛 꽃을 머금은 줄기도
점점 굵어 간다
넓은 밭에 저들이 자라는 이유
자꾸 따도 잎이 나오는 콩잎의 비밀
노인은 알고 있을 거야

화장실

좁은 방에 지린내
고목에 꽃이 피는 냄새다

기력이 다 떨어진 나무
몸 추스르기도 힘겨워

온몸을 돌아돌아
여기 내 앞에 흐르는 작은 샛강에

마르지 않고, 가뭄을 이겨 온
끈질기게 살아 온 물소리다

생이 지나가는 길목
한 귀퉁이를 돌고 있는 엄마의 방

힘들여 큰 것을 눌 때는
한평생 곰삭은 냄새 부려놓는다

이 땅에 꽃 피고 새 울고
과일이 익어 가는 시간

살아온 굽이굽이를
여기 방안에서 풀어내고 있다

고래 이야기

새끼고래는
태어나면서 이미 죽어버렸는데
어미는 새끼를 업고
살아있는 듯
함께 물결을 헤치며 바다를 누빈다
손도 없는데
묶은 띠도 없는데 말이야

새끼의 몸이 썩어 가는데
살아나기를 기다리는 어미를 좀 봐
애태우는 저 몸짓
사랑을 뿌리며 가는 거지?
선뜻 보내지 못하는
어미와 새끼가 찍힌 영상이
물결처럼 어른거리는데
오래 자리를 뜰 수 없었지

바다가 저렇게 맑은 이유
저렇게 파란 이유
사람보다 더 깊은 정으로
바다를 물들이는 고래
사람보다 더 아파하는 어미 고래

세상에 던지는 말도 없는데
가슴이 파랗게 찢어져 멍이 든다

콩 타작

부지깽이 같은 막대 하나로
그녀가 타작을 한다
헐겁게 달린 꼬투리들
가뭄 탓에 콩은 영 흉년이라며
뿌리째 뽑아 온 콩을 쌓아두고
큰 비닐 포장 위로 겨우 한 아름 날라 온
콩을 투닥투닥 두드린다
박자가 있는 노래를 부르듯
일정하게 들려오는 콩 터는 소리
대궁과 꼬투리가 분리되는 순간
콩들은 튕겨 나온다
반질거리는 흰콩이다
할머니가 키운 새끼들이다
회초리를 들던 젊은 날은 어느덧 가고
허리를 펼 수도 없는 팔순의 그녀가
콩들과 바삐 눈인사를 한다
뽀얗게 뒤집어 쓴 먼지를 닦으며
아이처럼 웃지만
이가 없는 합죽이 얼굴이다
콩들은 퍼런 비닐 포장을 떨치고
마당 구석까지 흩어져 있지만
그녀는 연신 콩 줄기들을 후려친다

종아리에 감기던 회초리의 매운 맛
바람이 선뜻한 가을마당에 쪼그리고 앉아
하루 왼 종일 그녀가 타작한 콩
됫박에 뽀얗게 쌓인다
콩 한 알을 위해 그녀가 쏟은 것들
알알이 꽃처럼 향기를 풍긴다

감나무

오래 된 감나무
가지를 많이 떨구었어요
이파리마저 날아가고 없는데
열매는 환상으로만 보일 뿐이죠
몇 줄 가지만 남아
어느 날 이력이 형편없다는 걸 알았죠
그렇게 오래 애써 걸어왔건만
번듯하게 써 내려갈 자리에
빈칸만이 즐비했어요
허탈하게 웃으시던 눈빛 너머로
희미한 무지개가 나타났다 사라졌어요
쓸쓸함도 포기도 아닌
허무와 체념이 동반된
그런 아스라한 빛을 등지고 앉아 있었죠
감들이 다 떨어지고
홍시들이 질퍽하게 썩어가요
숨을 쉬고 있지만
아무 대답도 들을 수 없었어요

어머니 멈추면 안 되나요
수없이 오르고 내리던
투박하고 꺼칠했던 껍질에 새겨진

그림들을 어떻게 지울까요
각인되어 버린 여러 장의 판화들
칼끝을 겨누고 있는
나무판 위로 끈적거리는 피가
자꾸 굳어요
갖가지 형태의 조각칼들이 홈을 파고 들어요
넉넉한 하늘에 노을이 걸리고 있네요
환상처럼 떠도는 색채들이
자욱하게 하늘을 덮고 있어요
어머니 이제 돌아보지 마세요
손을 흔들어야 할 때가 온 것 같아요
우리 힘으로 어쩔 수 없는
감나무가 드리웠던 넓이와
깊이가 흔들리고
우주가 흔들리고 있어요

아름다운 이름

호스피스 병동으로 옮긴
그가 힘없이 누워있어
부은 발등을 쓸어 봅니다
새끼발톱까지
엄지발가락은 어릴 때 다쳐
기형이 되었고,
억척스럽게 논과 밭을 후비고 다니느라
쉴 수 없었던 거칠어진 발
고단한 노동의 흔적 아직 남아 뻣뻣한 감촉
나뭇가지처럼 앙상해진 다리
흙을 빠져 나온 지 얼마나 되었는지
이제는 깨끗해 진 발가락들
손톱 밑도 맑아 보입니다
돌아보니 아무것도 갚은 게 없는 걸
말없이 누워있는 나의 껍질을 불러봅니다
손을 잡아도
눈을 맞출 수도 없는 그때
나는 갑자기 세상의 말들이 새처럼
다 날아갔다고 생각했습니다
나눌 수 없는 언어의 그림자들이
허공을 떠돌다
나의 심장을 흔들어 깨우지만

사랑한다는 말들은 입안에 맴돌고
우주의 한 귀퉁이에 내려앉은
낱말의 조각을 더듬어 봅니다
속수무책 앉아있는 나
하느님은 아마 나를 용서하지
않을 것입니다

4부

날개옷

청바지를 입고 있었어
날개옷은 어디에도 보이지 않은
그냥 평범한 여자였어
그녀는 멀리서 시집왔을 뿐이야
말이 통하지 않는 나라
너무 멀리 와 버렸어
언제나 날아갈 수 있는
날개를 숨기고 있다는 것을
우리는 그냥 잊어버리고 살아
눈에 보이는 것만 바라보는
쉬운 길을 택하지
숨은 보석을 찾기까지는
오랜 기다림의 담금질을 해야만 한다고
101호에도 102호에도
날개가 있어
무지개처럼 눈부신 것만은 아니야
젖어있는 그의 깃털
가족이란 이름으로
가장 낮은 밥그릇 속에 엎어두고 살지
젖은 아기의 기저귀 속에
싱크대 안 깊숙이 넣어두고 있어
무수한 날개들

날아가고 싶은 충동을 꼭꼭 접어두고
침을 삼키는 거야
언젠가는, 나중에, 이런 말로
스스로 날개를 접는
눈부신 그녀들

눈이 내린다

털을 뽑히고 달려가는 화면 속 거위를 보았다
따뜻함이란 이유 하나 때문에
남의 눈알을 빼오듯 깃털을 뽑는 일
순간의 아픔도 잊고
부르르 목덜미를 떨고 있는 맨살의 거위들
나무 아래 모여 오들오들 떨고 있다

그냥 눈을 껌벅거려, 눈물이 맺히지 않게 자꾸 껌벅거려, 입술을 달싹거려도 소리가 목에 걸리지만, 깊은 울음을 토해 버려, 분노에 몸을 떨며 그냥 달려야 할 거야, 어떻게 볼 수 있겠니? 수많은 날개와 깃털이 구름처럼 날아오르고 있는 걸, 네 몸에서 분리된 여리고 보송보송한 것들

살아있는 몸에서 깃털을 뽑아
나의 머리카락처럼
나의 손가락이나 발가락처럼
속눈썹처럼
몸의 일부인 깃털
핏줄 속 흐르는 피를 뽑거나
장기를 파는 것보다 더 지독한 우리를 보고 있지

옷이 부끄러워 고개를 숙이는 겨울 날

두 발로 걷고 생각할 수도 있는 몸에서
팔을 흔드는 저 허공에
거위의 털이 빠져 나온다
누가 감히 눈을 들어 하늘을 볼 수 있을까
하얗게 내려오는 저 깃털들의 춤을

숫 양파

유월 땡볕에
호미질 하며 엉금 기는 할매
시들어 꼬부라지고 있는 잎들 사이에
뻣뻣하게 꽃대 쳐들고 있는 저것은
숫 양파다!

“시부렁 놈
확 뽑아 던져뿌러라”

힘이 없는 할매는
혼자 서 있는
숫 양파를 밭고랑에 팽개쳐 버린다
꽃대에 씨앗 담아보지도 못하고
뽑혀 버리는 숫 양파

그 놈을 까보면
꽃대의 중심에 심이 박히고
그 속은 정작 구멍이 뚫려있다
저장이 안 되는 수놈

가솔들 먹여 살리는 아비지만
밖으로는 보이지 않는

그 마음일까
텅 비어 바람이 들락거려
큰소리 뒤에 울림처럼
수컷의 비애가 숨어있다

양파 밭에서는
수컷이 쓸모없는 것이라고
버림을 받는다

빈대에 대하여

수컷 빈대는
지속적으로 발기를 하고 있어
하루에 이백 번도 넘게 관계를 한다나
빈대가 이 세상에서 사라진 줄 알았어
빈대가 그런 놈인지 처음 알았어
수컷 빈대는
송곳같이 날카로운 생식기를 가졌대
암컷의 몸을 아무 데나 막 찌른다나
그걸로 말이야
심지어 암컷의 심장까지도 찔러
그리고는 엄청난 양의 정액을 분출해 낸다니
눈에 띄지도 않는 고것들이
자손을 남기려고 그렇게나 애를 써
빈대만도 못한 것들이라는 말은
정말 멋진 비유였나 봐
눈에 잘 띄지도 않는 작은 녀석
고놈들도 정말
우리들처럼 치열하게 살고 있어!

고사를 지내다

우리는 무릎을 굽혔다
나는 방법을 아예 모르지만
내가 만드는 물건과 가게와
완성되어 팔려나가는 것들에게
보이지 않는 신의 손길이 뻗기를
간절함을 불러 머리를 숙인다
어디서 어떻게 오는지는
전혀 모르지만
그릇이 잘 굽혀 나오기를
내가 짓는 집이 사고 없이 완성되기를
문을 여는 장사가 성공적이기를
도저히 알 수 없는 불안을
신이 다스려 주기를 바란다
소리도 모습도 없이
지나가는 그 깊은 숨소리를
조금이라도 마시려고
그리하여 주저 없이
이마를 땅에 닿게 절을 한다
보이지 않고
예측하기 힘든 내일을 위해
허공중에 그림을 그려 본다
술 한 잔을 뿌리면서

신이 온전하기를
보이지 않는 나의 생이 평평하기를
엎드려 비는 순간
세상에 이보다 더 낮은 마음은 없을 것 같은
이마에 맞닿은 흙의 향기처럼
만지작거리는 손가락끼리 약속처럼
한때라도 경건해 지는
사람이 신의 영역으로
들어서는 순간이다

부화를 기다리며

네 알들이 언제 부화할 수 있을까
내 알들도 아직 소식이 없어
껍질을 깨고 나올 수 있을까
몇 번이나 시작해 보려던 칼질
팔이 저려왔어요
도마가 앉아 있던 그 자리
홈이 파인 나뭇결이 뒤틀려 있는 시간의 벽 뒤
자리를 박차고 나올 용기가 없었어요 그때는
대신 냉장고가 텅텅 걸어 나왔어요
온 몸이 비어 있는 채로
소리만 요란했어요
매일 매일이 그랬어요
너무 좁은 닭장 안에서
너무 좁은 고시원에서
날개가 솟지 않는 새처럼 가지를 떠나지 못하는
하루하루 신문을 들추고 앉아 있었어요
맘껏 노래할 수도 없는 방
뒤꿈치를 들고 걸어야 했죠
피부를 갉아먹는 것들이 활개를 치며 살았어요
불공평이란 어디서나 존재하는 말이죠
유속이 느린 강물처럼 밋밋하게 가고 있어요
아무도 나를 몰라요

강물에 던져보면 흔적 없이 잠기는 돌멩이 하나가
나의 존재죠
곳곳에 숨어있는 진드기들이
피부를 자꾸 긁게 만들어요
털이 뽑혀 나가고 있어요
그것들을 향해 뿌리는 살충제
스스로 퍼부은 상처 난 말들이 독해요
보이지 않게 속으로 스며들어
가슴을 파먹고 있어요
나의 닭장에서
너의 둥지에서도
부화하는 일은 정상을 향해
맨발로 산을 오르는 엽기적인 일
발이 부르트고 피가 맺혀도
기적은 일어나지 않아요
부화를 기다리는 방
알들은 언제 껍질을 깨며 나올지 아직 몰라요

물고기

유리벽 안에서 숨 쉬지
사방이 벽
물이 채워진 그 넓이만큼 헤엄쳐 다니며
작은 부스러기 밥을 기다리지
스스로 밥을 찾을 수도 없는
유리통 안이
그의 영역이고 그의 땅이고
세상 전부인 거야
잠도 자고 똥도 싸고 관계도 그 안에서
이루어지는 거지

하느님이 높은 곳에서 내려다보면
내가 살고 있는 여기
일하고 있는 건물과 집과 길
사각의 유리문 안에서
웃고 떠들고 흥분하고 기뻐하는 감정
그 흐름들이 휘몰아나가는 공간
하루 종일 그곳을 벗어나지 않고
그 안에서 밥도 먹는 걸 보면
내가 물고기로 보일거야

지느러미 대신

팔다리를 흔들 뿐
틀 속을 벗어나지 않고
경계인 유리문을 깨지도 않고
적응해 몸이 점점 비늘이 돋아나지만
그걸 모르고 살지
꽃들이 피는 봄과 여름
온 가을이 다 가고 다시 오는 순환에 대해
아무런 감응이 없는 일상

물고기가 된 지 이미 오래 된 사람들
가끔은 몸을 사리고
지느러미와 꽁지가 생겨서
비린내를 풍기지
미끈거리는 몸 위에 옷이란
허울을 씌우고 자기를 감추지
하루라는 감옥의 창을 열며 날이 밝아오는
착각을 해
물결을 거슬러 헤엄치는 일
내가 사는 이 세상이 어항 속이라는 걸
까마득히 잊고 있을 뿐이지

낙지에 대하여

접시 위에 찰싹 붙어 있다
토막 난 다리들 뒤엉켜
잘게 잘려나간 제 몸을 찾고 있다
쩍쩍 달라붙는
낙지의 발
모래의 집을 찾아
작은 구멍 속을 더듬고 있는 발버둥
흰 발가락들이 엉겨있지
떼어오려는 나무젓가락의 안간힘과
맞서는 낙지들
보이지 않는 전쟁으로
접시는 덜그럭 거린다

끈끈이주걱보다 더 강한 흡착력으로
버티는 낙지의 본능
입안에서도
뜨거운 몸짓을 멈추지 않는다
쉽게 포기할 수 없는
너를 향한 내 마음처럼
잇몸을 짓이기는 미끄러운 춤
너무 멀리 있다고
손을 뻗어보지도 못했던

안일한 생각의 울타리를 허물고 있는
악바리들

아무 일 없는 것처럼

그날 돌아보니 대하들의 화형식이었다
몇 마리인지 세어보지도 못하고
저울에 올려 무게로 값을 치르고
살아서 펄펄 뛰고 있는
대하의 상품성을 확인하기 급급했다
지느러미도 삐죽삐죽 신선한 것을
벌겋게 달아오른 불길 속으로
한꺼번에 밀어 넣었다
뚜껑을 닫은 팬 속에서 이리저리 뒤엉켜
튀어 오르는 장면도
발버둥치는 구원의 소리도 외면하고
여럿이 둘러앉아
수다를 떨며 구이가 되길 기다렸다
그것들이 지글지글 익을 때까지
분위기가 막 달아오를 때까지
그렇게 많은 대하들의 주검을
바라보았다
눈물 한 방울 없이
지옥의 문지기처럼 앉아있었다
죽어 빨갛게 꽃이 된 대하
껍질을 벗기고
악마처럼 그 뜨거운 몸을 우리는

허겁지겁 먹었다
아무 일 없는 것처럼
그날 밤 꿈속에서
대하들이 슬프게 흐느끼는 소리를 들었다

그물

한때 나는 그물이었지
파도와 함께 언제나 바람을 마셨지
촘촘한 넓이를 가진 그물
코의 크기에 따라
각기 다른 고기잡이를 나가는 사람들
통발을 노끈으로 칭칭 감기도 하고
찢어진 나를 꿰매기도 했지

어부들은
새벽에 배를 몰아 먼 바다로 나가지
나는 그들과 동업을 하지
깊은 물속으로 던져진 나는
구멍 난 내 과거들이 자꾸 생각났지만
희귀한 고기들이
걸려드는 상상을 하며
오랜 시간을 기다리지

내 그물에 걸려든
고기들의 불운을
안타까워하고
어린 고기들이 무사히 빠져나가기를
빌 때도 있어

현실과 동떨어진 기도라지만
내 코에 걸리면 다시 빠져나가지 못하는
그들의 몸부림을 바라보곤 해

처절하지 않은 생은 없는 거라고
끊어지지 않는 나일론 그물인 나
바다를 떠나 언제부터인가
도시로 왔지
내 몸을 흔들며 가던
물결을 그리워하지만
여기서도 매일 매일 고기를 잡는
그물인 채로 살고 있어

먹이를 기다리는
굶주린 짐승처럼
팍팍한 하루를 넘기며 가는 거지
불빛과 차들과 사람들의 물결 속을 헤치고
절뚝거리며 걸어가지
색깔이 다르고 이름이 다른
고기를 건져 올리고 있어

수단과 방법으로 단단히 묶는 나의 몸

도시에서 나는
촘촘한 코를 벌름거리며
고기들이 걸려들기를 기다리지
나의 주인은
알 수 없는 주문을 걸어 무엇인가를
잡아 올려
나는 지금도 질긴 나일론 끈
네모 칸을 이은 그물이야

5부

세탁기

너는 항상 내게 비틀어 달라고 했어
하얀 세제가루를 털털
부어놓고
때가 씻겨나가길 기다렸지
고양이털도 넣어야할까
아니 저 복슬거리는 강아지인형도
살려야 하는데
주위를 돌아보면
온통 빨아야 하는 것들
순순히 받아들이지 않는
저항하고 있는 옷들이 까칠하지
먼지와 함께 뒹굴었던 아들의 바지
미끄럼을 너무 타서
구멍이 뻥 뚫렸지만
한 방향으로 가는 버스를 타면
길을 잃고 말거야
넓은 기구 안에서 놀던 기억이 되살아나지
놀이공원에 가면
다람쥐 통 그걸 타곤 했지
난 지금도 무서워 멀미하고 구토를 하지
비틀어 짜면 물기가 달아나고
어긋나게 만나는 두 손

묵은 것들이 다 나쁘다는 건
분명한 논리를 제시하기 어려워
세탁기 속은 빠르게 빙빙 돌아가고 있지만
과학으로 만들어내는
기술력이라고 광고를 하고 있잖아
비틀려야 하는 문장과
완전히 뒤집어야 하는 언어들도
그 안에서 깨끗하게 빨려 나오지
마치 새것처럼,

벤치 수리

이팝나무 꽃이
하얗게 피어 난 마당에
빨간 오토바이를 세워두고
아저씨는 벤치 수리를 하는 중이다

한쪽이 내려앉은
널빤지를 뜯어내고
거기 새 나무쪽을 맞추어 넣는다

나사를 돌리다가
퉁퉁 망치질을 하다가
뭐가 제대로 안되는지
갑자기 벤치를 홀러덩 뒤집어 놓는다

너무 쉽게 순식간에 뒤집힌 의자
벌렁 배를 뒤집고 구르던
우리 집 개처럼
의자의 뒤편이 민망하게 모습을 드러냈다

먼지 거미줄이 끼고
앞과는 너무 다른 의자가 누워있다
아직 색이 덜 바랜 나무 판

처음 보는 의자의 속살

아무도 건드린 적 없는
뒷면
플레어 치마가 뒤집힌
맨살 허벅지를 보는 듯
갑자기 내 얼굴이 붉어졌다

의자 다리

다리는 세 개보다 네 개가 더 좋아
나의 다리도 세 개면
덜 뒤뚱거릴 거야
참 막막해요 어떻게 서야 할지
한쪽 다리가 좀 불편하면
얼른 다른 하나로 갈아 끼우고
맞춤으로 주문을 넣을 때
아예 다섯 개로 하면 더 든든할까
내일 나는 다리 다섯 개의 의자를 맞추어야지
시계가 의자에 앉아 째깍거리고
무게가 아주 많이 나가는 몸통
거기 기댈 수 있게

의자도 제 체형에 맞는 걸 원하지만
때때로 어이없는 걸
앉혀야 할 때도 있어
딱딱하거나 물컹거리는 것들
말처럼 등에 태워야 할 때도 있어
뒤집어 눕혀야 할 때
싫은 사람이 앉을 때
나는 얼굴을 찡그리지
의자의 기능은 돌아눕는 데 있을지도 몰라

멀리서 오는 손님을 기다리듯
자리를 비워두고 초조하게
그를 기다릴 때도 있어

듣기 싫은 말들이 우박처럼 쏟아질 때
머리엔 담배 잎처럼 구멍이 뚫리지만
내 역할이 그래
나는 배우가 아니지만
대본에 있는 말을 그대로 옮겨야 할 때도 많아
녹이 슬어가는 의자
망가져 가는 의자
등이 떨어져 나간 의자
딱딱한 판자 위에서도 녹 슨 속이 보여
가벼운 그늘이 앉았다 가고
죽음을 앞둔 환자가 해를 쬐며
누워있기도 하는 의자

잠시 쉬고 있지만
온전한 휴식을 누린다는 건
꿈처럼 희미해
의자는 슬그머니 다리를 접고 싶을 때도 있어
다리 하나를 빼면

기우뚱거리기 십상이지
의자는 네 개 혹은 다섯 개의 다리
버티며 힘을 분산시켜야 해
스스로 당당히 서 있어야만 해
의자가 설 때
바로 당신이 그 위에 앉는 거야

오리 배

칠이 벗겨진 오리배가
트럭 위에 실려 어디로 간다
덜컹거리는 몸놀림
신호등이 바뀌어 차가 멈추자
갑자기 도로는 물결로 일렁거렸다
둥둥 떠가는 오리 배
초점을 잃은 눈과
부러진 주둥이, 벗겨진 날갯죽지가
고단했던 날을 말하고 있다
먼 길을 달려온 듯
지쳐 보이는
한 마리 오리가
도시의 물 위를 미끄러져 간다
헤엄쳐 가는 큰 오리 한 마리
고향을 떠나온 그는
푹 고개를 떨어뜨렸다
물갈퀴는 흔적만 남아있고
숱한 사람들 태웠을 그의 옆구리는 구멍이 뚫렸다
쉬지 않고 헤엄을 친 발가락
낡은 짐짝처럼 트럭에 앉아 먼 산을 바라본다
그 슬픈 눈이 일터를 잃고 돌아오던
아버지를 닮았다

공구함

창고에 처박혀 있던 넙적한 공구함
오래된 나무상자
뚜껑을 밀치자
붉은 녹들이 산화를 멈추고
쭈뼛 일어섰다

작은 못과 볼트와 너트 들이
마치 역사의 의자 위에 웅크려있던
꾀죄죄한 노숙자들의 행색처럼
볼품없는 공구들이
자기의 이름을 잊어버린 듯
상자 안에 박혀 있었다

그가 떠나자 함께 문을 닫았던
사랑채 작은 방은 폐허처럼 숭숭
바람이 들락거리고
유난히 톱날 세우기를 좋아하셨던 아버지
비록 뒷산의 나무를 베는 소소한 일이었지만
날을 갈아 반짝이는 톱을
모셔두곤 했지

작은 못 하나도 쓸 곳이 있는 법이라던 그 말

뚜껑을 열고 아버지가 뼈를 일으키듯
녹 실은 공구들이 숨을 몰아쉰다
날이 뭉그러진 송곳과 망치도
긴 시간 잠에서 깨어난 것처럼
무겁게 몸을 뒤집는다

공구함은
제 모습을 잃어 헝클어졌지만
다시 날을 세울 수 있을 것 같다고
밭을 갈아엎던 경운기 주인은 말했다
기억 속 커튼을 젖히면
뒤꼍에서 장작 패는 소리 들려온다
공구들은 아직 살아있고
아버지도 아직 살아있었다

현수막

빌딩 벽 모퉁이
한눈에 확 드러나는
치마 펄럭거리는 글귀
요염한 입술 색으로
숱한 설명을 나열할 수 없어서
압축파일처럼 최대한 줄이고 줄인 한 구절
늘씬한 다리를 드러내듯
사람을 홀리고 있는 짧고도 명료한 그림
한눈에 반해 탄성을 지르는 말
돌아서도 가슴에 남아있는
한마디
잠시 발걸음을 멈추고 바라보는
줄 장미 넝쿨에 벌들이 모여들 듯
내가 말하고 싶은 것들
마음껏 광고하는 현수막들의
화려한 말
한마디로 각인되는 말
펄럭이는 한 편의 시

마른 고추

김장할 고추
탁자 위에 쏟아놓고 꼭지를 딴다
흉악했던 여름의 서사는 접어두고
모종을 심던
봄빛의 아지랑이도 잊어버리고
지금은 오직 눈앞의 현재
미래를 바라봐야 한다

사랑과 좌절
다신 일어설 수 없을 것 같던
회오리 지내고 보니
꼬부라진 몸통과
길쭉하게 말라 더욱 빨개진 고추

누가 누구의 생을 대신할 수 있을까
하나씩 먼지를 닦고
꼭지를 빼내면서
차랑차랑 울리는
씨앗들의 소리를 듣는다
오래 참고 또 참은 시간들이
그 안에 응집해 있다

>

온몸으로
비와 바람을 맞으며
햇살을 받아들이는 일
제 맛을 내는 일에 몰두했던 지난 날
생을 오롯이 익혔다
바짝 마른 고추들의 몸
매운 향기를 풍기고 있다

밀가루 반죽

빵을 만들려는 반죽의 묽기
칼국수를 밀어야 할 반죽
수제비를 빚어야 할 반죽
그 묽기를
손 감각으로 익히기까지
말랑한 반죽의 발효시간
꼭 기억해야 하는 약속이다

아주 작은 차이를 가진 반죽들이
짧은 시간의 간격을
제각각 다르게 안고
밀가루에서 가지를 뻗어나가
쓰임새를 찾아 간다
물감의 묽기로 색깔이 달라지는 그림처럼
서로 다른 것을 향해 걸어가는 시간이다

이름들이 한 뿌리에서 시작해
다른 열매를 만들어낸다
명태가 황태가 되고
꽁치도 과메기가 되고
한 단계를 넘어서서 다른
무엇이 된다는 것

밀가루는 손끝에서 수많은 얼굴
수많은 맛으로 태어난다

하나의 나무에 다른 꽃이 핀다

휴지통에 꽃이 핀다

학교 여자화장실 휴지통은
천날만날 꽃밭이다
아침에 깨끗했던 바닥에
한낮이면 활짝 꽃들이 핀다

벌겋게 쏟아놓은 생리대를
그대로 벌려 두었다
비늘이 퍼런 숭어 몇 마리가
퍼덕거리다 쓰러진 흔적
죽을 것 같은 사랑을 향해
작은 송이, 큰 송이 갖가지 꽃들

메말라 다시는 꽃을 피울 수 없는
오래된 매화나무 한그루
창 너머에서 기웃거리는구나
자기가 꽃이란 걸 모르는
생머리 긴 청춘들이 버리고 간
여자 화장실 휴지통에
선연한 핏자국들
향기로운 몸꽃이 폈다

연꽃 차

뜨거운 물을 붓기 시작하자
스스로 자기를 열었다
오므렸던 꽃
애무에 반응하는 여인의 몸처럼
잎들이 연못을 향해
물길을 건너가기라도 하려는 듯
넓은 꽃잎 벌리고
환하게 피어난다

꽃술들도
소름 돋듯 스르르 일어난다
오래 멈추었던 시간
목적지에 보따리를 풀 듯
죽은 줄 알았던 그가 살아난다
느긋이 뜨겁게 기다려주는 사이
향기도 은근히 날아오른다

한 점 부끄러움 없이 온몸 우려내는
연꽃
꺾이고서도 할 일을 다 하는 꽃
향이 담긴 언어를 풀어내고 있다
누가 저리 농염한 몸을 보여줄 수 있을까

방안 가득히 피어오르는 연꽃
풍경이 살아나 꽃길을 걸어간다
눈으로 멀어지는 향기를 마신다

배를 타다

나무들이 무성한 산자락에
배 한 척 정박해 있다
펄럭거리는 깃발을 달고
돛을 팽팽하게 펴고서
두려움 없는 몸짓으로 당당하게 서 있다
갑판 위로 올라서면
곧 떠날 것 같은 배
분주한 시간들이 밧줄을 푼다

오랫동안 떠돌던
지쳐버린 손과 발 공허한 눈을 감고
여기 산 위에 닻을 내려 쉰다
얼마나 오래 바다를 떠돌아 왔는지
밑창의 퀴퀴한 냄새
뱃전에 앉아있고
그의 몸은 긁힌 상처로 덧칠을 했다
말하지 않아도 알 것 같은
지나온 길

물길을 찾아가는 사람들이
그리워하는 바다
먼 대양을 향해

낯선 땅을 그리고 싶어 하는
방랑자들이 화면을 클릭한다
항로를 이탈하지 않으려고
더듬고 있는 지도
위험은 항상 어깨 위에 앉아있지만
항구는 부산한 불빛으로 울렁거려

배를 타면 어디로든
떠날 수 있을 것 같은 설렘
점점 작아지는 자기를 바라보는 일
알 수 없는 세상을 향해 내딛는
첫 걸음
나둥그러지는 하루라는 이름 위에
배는 산으로 가다가
하늘로도 떠오르다가
군중 속 파도를 가르며
결국은 안개를 헤치고 미래로 출항한다

어부 두 사람

고종언니와 형부는 어부 입니다
작은 통통배 한 척 객식구도 없이 단 둘이 배를 몰고 나가 그물을 던지고, 그날 잡은 고기를 선별해 시장에 내다 파는 일도, 다 두 사람의 몫이지만
바다에 등을 기대고 살아온 탓에
물에서는 무엇이나 척척 해내는 어부

한 번씩은 물일을 하는 해녀 언니
동해바다를 떠올리면 푸른 물빛만 출렁거리는 낭만이지만, 속속들이 다 알고 보면 목숨을 내놓는 일입니다
땅 위에서 겪는 노동의 몇 배
작은 배에 의지해
바람과 파도와 어우러져
숨을 몰아쉬며
동해바다를 자기네 밭이라고 부릅니다

단 둘이 만들어내는 극
주연을 같이 맡아 함께 만드는 무대
햇살에 그을려 흑진주 같은 피부가 되었지만 하얀 이를 드러내고 웃을 때 보면 근심도 없어 보입니다
잇속에 익숙한 나를 부끄럽게 하고
춤추는 파도를 뛰어넘으며

오늘도 통통거리며 바다로 나가는
어부 두 사람
떠올려 보는 것만으로 마음이 바다가 되는 이유입니다

고명에 대해

건진 국수 위에
스란치마를 살포시 올리는 가벼움으로

색색이 섞여서 계란 노른자와
파란 나물
빨간 당근이나 맛살 어우러져
한 그릇 떡국 위에
뽀얀 잔치국수 위에
비빔밥 위에

떨리는 현 위에 앉은 듯
미완성을 완성으로
나비가 꽃잎위에 날개를 접듯
오선지 위에 그린
높낮이처럼
섞여있는 색깔과 향기와 맛

밋밋해서 무엇인가 모자랄 때
그리움으로 잠시 목이 메여올 때
침을 삼키며
몰아쉰 숨 잠시 고르라고
극진한 마음이 보일 듯 말 듯

헛헛한 가슴 속
빈자리를 메꾸어 돋보이게
다 채워지지 않는 허기를
눈으로 채우라고
꽃처럼 얹혀있다

별

바다에 별들이 살아요
하늘과 바다가 맞물려 있는 이유
밤마다 별들이 바다 속으로
잠수한다는 것을 알게 된 건
얼마 되지 않았어요
그 일이 있기 전까지
별들은 그냥 하늘에만 뜨는 줄 알았죠
슬픔이 너무 부풀어 오르면
화산처럼 어느 날 폭발해 버리고
그 조각들이 바다 속으로 떨어져
별이 된다고
물속에서도 빛을
내고 있었죠
불가사리 같이 생긴 별
바다에는 좀 더 둥근 별도 있지만
상상 속에서 기억할 뿐이죠
잠도 못 자고 침대 위에 마냥 앉아 있는 아이
별들은 배려가 아름다워요
너무 깊이 있거나
아주 작아서 보이지 않는 별도
기억 속에 반짝여요
등을 구부린 새우가 되어버린 영혼도

바다로 가 별이 되었어요
지푸라기 하나인 우리가 떠가고 있어요
하늘이 바다이고
바다를 하늘로 알고 있는 푸른 아이들
세월이 가도
반짝거리는 그들의 꿈
별이 되어 언제나 바다에 살아요
그들을 잊으면 안 되는 이유
하늘도 바다도 알고 있어요

생선뼈 찌개

냉동실 속에 뭉쳐 있던 한 덩이 생선뼈
무를 숭숭 썰어 끓일 찌개거리죠
뱃사람인 동생이 보내준
뼈 뭉치 녹이고 보니
굵은 방어 대가리에 창자에
살점이 발려나간 긴 뼈
내장과 뼈에 달라 붙어있는
한 마리 생선의 큰 몸통이
엑스레이로 드러났어요
저물어 가는 항구로 돌아오는
고깃배들의 깃발이 펄럭거렸어요
배들은 왜 저렇게 많은 깃발로 소통을 할까요
약속의 표정이 저리 혼란스러운 색깔로 점철 되다니요
꼭 당산나무에 매단 띠처럼 말이에요
도시의 숲으로 들어오는 배를 맞이해야 했어요
파도가 퍼득퍼득 달려오는데
자동차들의 불빛처럼
불그스레한 국물처럼
노을도 진하던 항구의 바람이 먼저 왔어요
바람의 냄새를 기억하죠
마음껏 헤엄치던 몸통을
창밖 베란다에 내려 쉬는 방어 한 마리

지느러미가 춤추고
미끈거리는
몸통이 퍼덕 거렸죠
내가 애타게 부를 때마다
헛헛한 메아리로 돌아오지만
내 무릎 아래를 간질이다 가는 손이 보여요
너무 파랗고 깨끗한 손

섬

혼자 있다고 외로운 것이
아니라는 걸 알았습니다
더불어 있어도 고립된 섬이라고
울먹이는 순간도 있었습니다
누구를 위해 무엇을 할 수 있다는 것
뜻이 모이는 곳에 분분한 말들은
큰 파도 등을 타고 굽이굽이
넘어서는 걸 보았습니다

망망대해에 덩그러니 떠 있어
바람이 쉴 수 있는 섬
어디에 있어도
어디를 가든
마음속 바다에 닻을 내리는 일
소통이라는 파장으로 연결되는 순간
자꾸자꾸 친구가 오고
방문자 수도 출렁거렸습니다

파도는 쉬지도 않아
몸은 깎이고 또 깎였지만
제자리에 다리를 펴고 앉아있었습니다
숨어있는 무엇을 찾는 일

얼마나 큰 뜻을 품고 있는지
잊지 말라고
하늘이 맑게 내려와
꽃을 피우고 새들을 깃들게 하였습니다

이름을 부르면
흰 바다와 더불어 달려오는 섬
푸른 핏줄이 펌프질로
퍼 올리는 갖가지 색채로 빚어진
먼먼 육지로 실려 온 편지
멀리 있어도 보이는 너
우리 사랑이 견고해 질수록
눈부신 상징으로 떠 있었습니다

해설

집과 길 사이, 날개옷

박수빈 시인

집과 길 사이, 날개옷

박수빈 시인

인간에게는 정주와 유랑의 정서가 동시에 있다. 종족의 존속과 삶의 풍요를 위해 정주하지만 유랑의 유전자도 있다. 자유는 인간의 중요한 가치로써, 유랑이 정신을 지배한 결과라고 여겨진다. 박금선 시인의『아무 일 없는 것처럼』에 '집' 이미지와 '길' 이미지가 많이 나타나는 것을 보면 정주와 유랑 사이를 오가는 아이러니를 떠올리게 한다. 길을 떠나는 것은 현실에서 좌절된 욕망에 대한 보상이며, 집 이미지는 안주를 원하면서 자유롭지 못하기 때문이다.

「거미의 집」을 보면, "집은 항상 위태로웠다/ 처음에 시작하는 길은/ 한두 줄로 가늘게 이어져 있었고/ 힘없는 풀이거나 나뭇가지를 의지해/ 바람에 흔들리기도 하지만/ 이쪽과 저쪽으로 연결된 기둥도 믿을 수 없었다"고 말한다. 그러다가 "거미는 다시 집을 지어 놓았다/ 누가 주인인지 알 수 없었지만/ 이어놓은 줄은 여전히 가늘고 불안하다/ 바람이 불자 또 흔들린다/ 언제 튕겨나갈지 모르는 나의 집과/ 흡사한 거미의 집"이라고 노래한다.

또한 "숲으로 난 작은 길 걷다보면/ 여러 번 두드리고 싶은 문이 보인다/ 잎의 문/ 벌레의 문/ 적당한 여백의 문/ 숨어 있는 벌레들의 집/ 무덤의 잔디 위로 나무 그림자가 눕는다/ 무덤은 우리들의 집"(「너무 좋은 숲의 사이」)도 눈여겨 읽게 된다.

「물고기」에서는 사람이 물고기처럼 뻐끔뻐끔 호흡하는 것 같다. "내가 살고 있는 여기/ 일하고 있는 건물과 집과 길/ 사각의 유리문 안에서/ 웃고 떠들고 흥분하고 기뻐하는 감정/ 그 흐름들이 휘몰아나가는 공간/ 하루 종일 그곳을 벗어나지 않고/ 그 안에서 밥도 먹는 걸 보면/ 내가 물고기로 보일거야"에서 어항 속을 사람의 삶으로 치환하고 있다.

그래서 이번 시집은 안주를 지향하다가도 길을 떠나는 여정과 같다. 걸으면서 사람 사이에 혹은 내 안에 얽힌 문제의 원인을 찾는 전환점이 되고 있다. 주로 보편적인 삶을 다루며 일상의 갈등이 투영되어 있는데 가식 없는 진솔한 묘사가 박금선 시의 특징이다. 이곳이 아닌 다른 곳으로 마음의 길을 내는 암시가 숨겨진 비의에 대한 시인의 동경을 읽게 한다.

예를 들자면, "강아지", "거미", "고양이", "비둘기", "매화나무", "펭귄", "나비", "잠자리", "구름", "새"는 신발이 없다. 그러나 "신발을 신고 가는 나는/ 발이 무겁고/ 스스로를 묶는 족쇄처럼/ 나를 조여 온다"(「신발이 없는 것들」)고 토로한다. 이처럼 신발에 대한 심상은 구속으로 둘러싸인 울타리를 벗어나는 것이며 바로 자유를 찾는 과정이자 박금선 시인이 시를 쓰는 동기라 하겠다.

「배를 타다」는 산자락에 배가 정박해 있는 모습을 그리고 있다. "먼 대양을 향해/ 낯선 땅을 그리고 싶어 하는/ 방랑자들이 화면을 클릭"하는 면면은 관계에 있어 소통의 어려움을 언급하고 있다.

문득 밀란 쿤테라의 『생은 다른 곳에』가 떠오른다. 작가는 어떤 미학적인 문제를 해결하고 싶어서 예컨대, 시적인 강렬함과 상상력을 전달하려면 어떻게 써야 하는지 궁구하였는데 결론적으로 "생은 다른 곳에"라는 랭보의 말을 차용한 제목으로 나타난다. 이렇듯이 박금선 시인은 자신이 몸담고 있는 삶이 아닌 다른 곳에서 진정한 실체를 발견하려고 하는 성향이 강하다. 이런 현실부정의 본능이 마음을 드리운다.

이름도 색깔도
다 다른 꽃들이 한 바구니에 담겼다
어쩌다 일행이 된 것에 대해
같은 바구니에 앉게 된 것에 대해
그냥 고개를 끄덕인다
나의 이름이
다른 이름에게 묻히는 것
나의 얼굴이
누구에게 겹친다는 것
참을 수 없는 굴욕의 날들은 갔다
바구니에 담기는 순간은
하나하나의 생김새 버리고

한 무리 속에 섞여드는 일
군중 속의 한 사람
일부가 전부일 수도 있다는 것을
아는 나이가 되는 일
꽃이 시들어 갈 때쯤
바구니의 모습이 쓸쓸해지듯
그 머리맡에 앉아보면
꽃바구니 속의 한 송이 꽃이
제각각 향기를 지닌 채
서로 시들어가는 것이 보인다
—「꽃바구니」 전문

"꽃바구니"에 담기는 개별적인 꽃의 입장에서 보면 "꽃바구니"는 함께 섞여 어울린다는 명목 아래 개성을 잃는 것이다. "어쩌다 일행이 된 것에 대해/ 같은 바구니에 앉게 된 것에 대해/ 그냥 고개를 끄덕"였지만 "나의 이름이/ 다른 이름에게 묻히는 것"이고 "나의 얼굴이/ 누구에게 겹"쳐서 "참을 수 없는 굴욕의 날들"을 견디는 것이다. 그러다가 "제각각 향기를 지닌 채/ 서로 시들어" 간다.

이런 관계의 공허함 속에 "꽃바구니"는 꽃들이 풍성해도 결핍감을 느끼게 한다. 이 자각은 곧 일상 저편의 생을 꿈꾸는 연유이다. 이곳의 관계에 불편한 시적 자아의 내면은 미지의 세계를 향한다. 저마다 시들어갈 무렵, 시인의 마음은 다른 곳의 생에 대한 동경을 보여준다. 꽃을 본다는 것은 자체의 아름다움도 있지만, 꽃이 자라는 시간과 공간, 추억을 함께 하는 의미가 있다. 꽃을 피우고 살아내는 일이 새삼 아름다운 것임을 깨닫게 된다.

여기서 벤야민이 말한 "멀리 있는 것의 가까이 있음"이라고 한 '아우라'가 와 닿는다. 이처럼 멀리 있는 비의에 대한 관심은 인용한 시에서 확인이 된다. 이렇게 시인은 본질과 존재의 심연에 대해서 탐색하며 자의식을 드러낸다.

> 밤이 되면 가끔 나는 늑대가 되지
> 두근거리는 심장의 골짜기를 지나
> (중략)
> 하필이면 나는
> 감추고 있던 이빨과 발톱이
> 슬금슬금 털을 밀고 나오는 거야
> 담벼락 밑에 길 고양이
> 나뭇가지에 잠자는 비둘기도
> 싫어하는 짐승이 된다는 것
> 슬픈 현실이지
> 웃음과 울음과 상처를 숨기고
> 비웃음을 피하는 기술을 익히려고
> 발버둥치는 나약한 무리 속에
> 스스로를 가두는 벌을 받는 중인지도 몰라
> (중략)
> 영혼이 메말라 갈수록
> 울음소리가 더 커진다는 것을 기억하는
> 다른 이름이 되고 싶은 나
>
> —「늑대의 이름으로」 부분

변신 모티프가 눈길을 끈다. “밤이 되면 가끔 나는 늑대가 되지/ 두근거리는 심장의 골짜기를 지나” “나는/ 감추고 있던 이빨과 발톱이/ 슬금슬금 털을 밀고 나”온다. 이처럼 “웃음과 울음과 상처를 숨기고/ 비웃음을 피하는 기술을 익히려고/ 발버둥치는 나약한 무리 속에/ 스스로를 가두는 벌을 받는 중인지도 몰라”라는 발화에 담긴 자의식은 궁극적으로 “다른 이름이 되고 싶은 나”를 연상하는 장면이다.

이렇게 내 안에는 타자들이 있고 나는 기대하는 대상의 밖에 있다. 시를 읽다 보면 시인의 가슴 속에 타오르는 불이 있는 것 같다. 마치 심연의 길 없는 길, 문 없는 문을 찾으려고 하는 짐승의 울부짖음이 전해온다. “영혼이 메말라 갈수록/ 울음소리가 더 커진다” 했으므로 결핍감으로부터 진정한 나를 찾아가는 과정이 녹록지 않다. 대상에 대한 사랑과 연민이 연동된다.

이 시는 내 안의 불편한 것들이 드러나고 욕망을 추동한다. 욕망은 결핍에서 비롯하지만, 시를 생산적으로 이끄는 계기가 된다. 결핍은 그림자처럼 따라 다니며 본질로 통한다. 자신을 확인하려 하고 현실이라는 구조 속에서 자라기 때문이다. 이 시는 욕망의 표출에 따른 불안의식이 드러난다. 불안은 고통과 방황을 낳고 자의식을 찾는 데, 슬픔과 고통과 눈물과 사랑을 마주한다.

위의 시에 덧붙이는 예시로 “불안의 근원을 찾지 못할 때/ 찌개국물을 맛보려는 그 직전/ 거울 속의 내가 남처럼 보일 때/ 천사와 불량배와 딱 마주쳤을 때/ 그들이 한 사람일 때”(「알 수 없는 나와 만날 때」)라는 고백은 공감의 폭이 크다. 그런가 하면 “새 옷을 입고/ 첫 출근하는 날/ 처음 골목을 나설 때 발걸음처럼/ 긴장이 휘감아올 때"(「사랑이 올 때」)를 읊조리기도 한다. 또한 "말이 막히는 답답한 순간/ 노래할 수 없는 슬픈 순간/ 내가 무엇이었을 때를/ 기억하려고 한다/ 나에게서 날개가 보이고/네 발로 걸어가는 뒤뚱거리는 한 마리 짐승// 그리하여 나는 나를 볼 수 있게 된다"(「내가 무엇이었을 때」)는 각성은 현 상황에 대한 사실적 서술과 심리적인 서술을 행이나 연을 바꿔가면서 징검다리처럼 배치해 놓고 있다.

주체는 한편으로 자신의 이미지에 대한 자기애를 갖지만 동시에 불안감을 느끼면서 벗어나고자 한다. 이미지는 나이면서 동시에 이질적인 타자이기 때문이다. 라캉의 거울 단계이론에서 자신에 대한 이미지를 자기애와 불안감으로 설명하는 것과 같다. 여러 모습으로 자신의 이미지가 섞여서 무엇이 현실인지 무엇이 내면자아인지 모호해지는 것이다. 이런 아슬하며 모호한 경계는 우리의 삶에서 존재하기 마련이다. 자신을 애처롭게 바라보지만 끊임없이 새로운 모습으로 대체하고자 하는 본능과 불안감은 "날개"를 염원한다.

언제나 날아갈 수 있는
날개를 숨기고 있다는 것을
우리는 그냥 잊어버리고 살아
눈에 보이는 것만 바라보는
쉬운 길을 택하지
(중략)
젖어있는 그의 깃털

가족이란 이름으로
가장 낮은 밥그릇 속에 얹어두고 살지
젖은 아기의 기저귀 속에
싱크대 안 깊숙이 넣어두고 있어
무수한 날개들
날아가고 싶은 충동을 꼭꼭 접어두고
침을 삼키는 거야
언젠가는, 나중에, 이런 말로
스스로 날개를 접는
눈부신 그녀들

—「날개옷」 부분

외국에서 우리나라로 시집 온 여자의 생활과 심상을 그리고 있는 이 시는 "집"과 "길" 사이에 어쩔 수 없는 자신의 운명을 수긍하고 있고, 읽다가 애잔해진다. "눈에 보이는 것만 바라보는/ 쉬운 길을 택하"다 보니 "젖어있는 그의 깃털/ 가족이란 이름으로/ 가장 낮은 밥그릇 속에 얹어두고 살"게 된다는 살기에 급급하다는 표현이다. "스스로 날개를 접는/ 눈부신 그녀들"이 과연 행복할까. 따듯한 집 대신에 먼 길을 떠나온 화자는 "언젠가는, 나중에, 이런 말로" 유보시킴으로써 타협을 한 듯이 보인다.

그러나 「도마」를 보면 "밥을 할 때 칼질을 받아주고/ 내리치는 칼날을 스스럼없이 껴안고/ 죽을 때까지 수십 번 몸을 바꾸어도/ 나의 짝은 오직 빛나는 칼날이야"라는 표현에서 자존심 강한 자의 절연된 마음에 비장함이 칼날처럼 번뜩인다.

박금선 시인의 시는 이렇게 "집"과 "길"의 대비 속에 일상과 탈일상 혹은 실존과 시적 미학을 대칭적으로 배치한다. 나아가 이원화된 양상을 보여주는데 이때 언급하는 생명력에 주목할 필요가 있다.

가)
털을 뽑히고 달려가는 화면 속 거위를 보았다
따뜻함이란 이유 하나 때문에
남의 눈알을 빼오듯 깃털을 뽑는 일
순간의 아픔도 잊고
부르르 목덜미를 떨고 있는 맨살의 거위들
나무 아래 모여 오들오들 떨고 있다
(중략)
팔을 흔드는 저 허공에
거위의 털이 빠져 나온다
누가 감히 눈을 들어 하늘을 볼 수 있을까
하얗게 내려오는 저 깃털들의 춤을
–「눈이 내린다」부분

나)
그날 돌아보니 대하들의 화형식이었다
(중략)
죽어 빨갛게 꽃이 된 대하
껍질을 벗기고
악마처럼 그 뜨거운 몸을 우리는
허겁지겁 먹었다

—「아무 일 없는 것처럼」 부분

가)는 거위 털이 날리는 모습에서 눈 내리는 장면을 연상한 수작이고 나)는 대하를 굽는 장면이다. 죽음을 담보로 사람들이 대하를 맛있게 먹는 일에서 고귀한 생명의식을 생각하게 한다. 사람들이 따듯하게 입는 거위 털옷에는 숱한 목숨의 희생이 있다. 대하의 잘 익은 죽음과 생의 대칭적 배열은 죽음과 생 사이의 거리감과 친연을 보여주기도 해서 아이러니하다. 죽음과 따듯하거나 맛있는 생이 같다는 모순에 주목하면서 시인은 운명에 대한 사유에 골똘하다. 죽음의 미학을 기반으로 성찰하고 있는 시인의 시선은 단순히 먹이사슬의 약육강식 논리나 적자생존의 논리로 쉽게 여길 수 없고 생명에 대한 경외감을 심사숙고하게 한다.

시편들을 통독하건대, 일반적인 지상의 집이 시인의 정처가 아니다. 불편과 방황이 있어 숨겨진 희망을 찾아 떠나는 여정이 된다. 흡사 하이데거가 '숨은 신'을 찾는 것을 시적 창조행위로 규정한 시론을 떠올리게 하며 불편한 상황을 담고 있다. 한계와 불편과 결핍감이 시인으로 하여금 집에 안주하지 못하고 길을 떠나게 하며 또 죽음과 소멸의 미학에 관심을 갖는 원인이 된다.

가)와 나)에는 죽음과 소멸 그 존재의 근원을 향해 질문하고 사유하는 시인의 내면이 나타난다. 다른 편에서는 고통으로부터 생의 기운을 얻으며, 상처가 삶을 살아가게 하는 힘이라는 의미를 포함한다. 죽음과 소멸의 이미지 속에서 시인은 반성하고 겸허해진다.

「휴지통에 꽃이 핀다」 역시 생명에 대한 경외감이 나타난다. "학교 여자화장실 휴지통은/ 천날만날 꽃밭이다." 급기야 "벌겋게 쏟아놓은 생리대"에서 "비늘이 퍼런 숭어 몇 마리가/ 퍼덕거리다 쓰러진 흔적"이라는 표현에 눈길이 머문다.

다음에 인용하는「가시 꽃」의 고립과 절연의 이면에는 따듯함과 화해에 대해 결핍이 존재한다. 이는 타자와의 관계에도 적용이 되는데 공동체적인 화해나 화합을 지향하기보다는 독자적이고 실존적인 고뇌에 잠겨있다. 그래서 섣부른 화해보다는 자기반성과 고립을 택한다. 하지만 이런 자세는 실제로는 집, 가족, 따듯한 귀가 등에 대한 그리움을 추동하는 근거가 된다.

아무에게도 보여주지 않으려고
꼭꼭 문을 잠궜어
스스로를 비밀 속으로 밀어 넣고
감추고, 지켜내려고 했던
약속
말도 삼키고 살았지
숨마저 죽이고 살았어
온몸에 가시를 두르고
살 수밖에 없었던 이유
(중략)
알맹이를 뛰어내리라고
등을 밀어주는 것
알밤은 세상을 향해 튀어나갔다
가시만 남은 빈 껍질이

꽃이 되는 순간이다

—「가시 꽃」 부분

“온몸에 가시를 두르고/ 살 수밖에 없었던 이유”로 화자는 아프고 외로웠을 것이다. 하지만 시의 후반부는 반전의 아름다움이 있다. 초반부에서 화자의 내면은 운명적인 시간과 그 시간이 남기고 간 아픔에 대한 명상이 있다. 주변에 대한 경계는 사람에 대한 두려움이기도 한 점에서 자폐적으로 느껴지기도 한다.

그리워하면서 경계하는 양가적인 심리를 지닌 내면은 알밤이 벌어지는 상징적인 의미로 모아진다. 자신의 속마음을 보호하기 위한 “가시”가 바로 고독 또는 거짓 강함의 자세로 전면화가 된다. 이는 삶을 애써 견디는 자의 위기의식에서 비롯된다. 여물어 갈수록 비장감으로 둥글게 밤송이가 되는 상태가 가시로 돋는 시인의 심리상태라 하겠다. 이렇게 시인은 아픔을 통한 견인주의를 삶의 자세로 취한다. 이 대목에서 시인의 시적 여정이 어디를 향하는지 왜 집이 아닌 길을 떠나야 했는지 드러난다. 따듯하고 섬세하고 부드러운 것을 그리워하면서도 이들이 세상 앞에 무력하다는 것을 느꼈기 때문으로 추정된다.

「천 개의 눈」은 “한 몸에 더불어 사는 천 개의 눈”, 즉 다양한 눈빛들을 열거하고 있으며 「밀가루 반죽」에서는 밀가루가 “빵”, “칼국수”, “수제비”로 바뀌는 과정을 묘사하고 있다. “한 단계를 넘어서서 다른/ 무엇이 된다는 것/ 밀가루는 손끝에서 수많은 얼굴/ 수많은 맛으로 태어난다// 하나의 나무에 다른 꽃이 핀다”는 발견은 독자들에게 인식의 새

로움을 준다.

레비나스의 이론에 따르면 얼굴은 밖에 있다. 우리가 인식할 수 없는 것으로 우리에게 스스로 자신의 모습을 보여주는 존재, 우리의 세계 안에서는 어떠한 지시체도 찾을 수 없는 '외재적 존재의 현시'를 레비나스는 얼굴이라 명명하였다. 지금까지 읽은 박금선의 시에서는 많은 얼굴들이 오버랩 된다. 이들은 갈등과 경계 속으로 미끄러지고 시 속에 등장하는 얼굴은 자신이면서 타인의 얼굴을 행하고 있다. 시적 화자의 시선이나 어조가 옮겨갈 때마다 이리저리 움직인다. 공감이 가는 어법으로 수행하고 있으며 의식의 기저에는 세상의 약자들에 대한 연민이 있다. 박금선 시인은 세상을 아프게 바라보며 "집"과 "길" 사이의 "날개옷"을 꿈꾼다. 앞으로 시인의 활동 역시 날개를 펼치기를 기대한다.

박금선

박금선 시인은 경북 영일에서 태어났고, 계명대학교 문예창작학과를 졸업 했으며, 2004년『문학세계』로 등단했고, 시집으로는『숲으로 오라』가 있다.
『아무 일 없는 것처럼』은 박금선 시인의 두 번째 시집이고, 우리 인간들의 야만적인 잔혹극을 고발하며, 전체 인류와 뭇생명들의 공존을 위하여 대속하고 있는 시집이라고 할 수가 있다.

이메일 : gangsa11@hanmail.net

박금선 시집

아무 일 없는 것처럼

발　　행 2019년 12월 2일
지 은 이 박금선
펴 낸 이 반송림
편집디자인 김지호
펴 낸 곳 도서출판 지혜 • 계간시전문지 애지
기획위원 반경환 이형권
주　　소 34624 대전광역시 동구 태전로 57, 2층 도서출판 지혜 (삼성동)
전　　화 042-625-1140
팩　　스 042-627-1140
전자우편 ejisarang@hanmail.net
애지카페 cafe.daum.net/ejiliterature

ISBN : 979-11-5728-380-4 03810
값 9,000원